SALLE N° 1

DEUXIÈME VENTE

PAR SUITE DE CESSATION DE COMMERCE DE M. ZIMMERMAN

OBJETS D'ART

ET

D'AMEUBLEMENT

TAPISSERIES

DES XVᵉ, XVIᵉ ET XVIIᵉ SIÈCLES

EXPOSITION PUBLIQUE : le Dimanche 19 Décembre 1875

Mᵉ CHARLES PILLET,	M. CHARLES MANNHEIM,
COMMISSAIRE-PRISEUR,	EXPERT,
10, rue de la Grange-Batelière.	7, rue Saint-Georges.

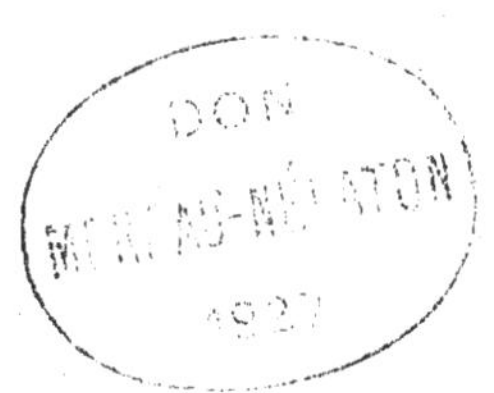

2ᵉ ET 3ᵉ VENTES ZIMMERMANN
Du 20 au 24 décembre 1875.
Mᵉ Charles Pillet, commissaire-priseur;
M. Mannheim, expert.

1 — Magnifique stalle Renaissance, en noyer sculpté, à trois places, provenant des ducs de Savoie. — 3,050 fr.

2 — Stalle François Iᵉʳ, en noyer. — 1,850 fr.

5 — Stalle François Iᵉʳ, en chêne sculpté. — 800 fr.

6 — Stalle hollandaise avec dais, en bois sculpté, seizième siècle. — 1,510 fr.

15 — Meuble à deux corps, du temps de Henri II, en noyer, modèle Jean Goujon. — 2,200 fr.

16 — Grand meuble en noyer sculpté, de forme monumentale, modèle du Cerceau. — 1,380 fr.

18 — Crédence gothique en bois de chêne sculpté, surmontée d'un baldaquin cintré. — 965 fr.

20 — Meuble Renaissance en noyer sculpté, de forme carrée, à deux corps et à portes pleines. — 605 fr.

23 — Meuble à deux corps en noyer, modèle Jean Goujon. Époque Henri II. — 950 fr.

24 — Crédence en chêne sculpté. — 960 fr.

27 — Meuble de forme monumentale, en chêne sculpté. Modèle du Cerceau. — 745 fr.

31 — Crédence à deux corps, en chêne sculpté. Style Renaissance. — 705 fr.

36 — Bahut à deux corps, en noyer sculpté. Style Louis XIII. — 585 fr.

39 — Meuble-vitrine, en noyer, à six pans. Style Renaissance. Modèle du Cerceau. — 600 fr.

43 — Table Renaissance, de forme rectangulaire, en bois de noyer. — 710 fr.

51 — Lit en noyer sculpté à grand et petit dossiers. — 775 fr.

52 — Grand portique Renaissance, en chêne sculpté. — 1,180 fr

60 — La Vision des Mages, panneau gothique du quinzième siècle, en bois sculpté, peint et doré. — 510 fr.

64 — Trois panneaux en bois sculpté, représentant la salamandre de François Iᵉʳ avec la couronne royale. (Provenant du château de Blois.) — 600 fr.

76 — Frise en noyer sculpté. Époque François Iᵉʳ. — 760 fr.

83 — Deux grandes cariatides italiennes, en bois de noyer; femmes supportant des coussins. — 1,000 francs.

110 — Epée italienne du seizième siècle, ornée de riches incrustations d'argent. — 3,650 fr.

160 — Lustre hollandais en cuivre, à trois étages et vingt-quatre lumières. — 550 fr.

207 — Trois panneaux de tapisserie à fleurs, fruits et feuillage. Époque Renaissance. — 505 fr.

208 — Tapisserie flamande représentant un seigneur et une dame se promenant dans la campagne. — 595 fr.

215 — Tapisserie Renaissance, représentant Œdipe et le Sphynx. — 2,050 fr.

2ᵉ ET 3ᵉ VENTES ZIMMERMANN
Du 20 au 24 décembre 1875.
Mᵉ Charles Pillet, commissaire-priseur;
M. Mannheim, expert.

Magnifique stalle Renaissance, en noyer sculpté à trois places, provenant des ducs de Savoie. — 3,050 fr.

Stalle François Iᵉʳ, en noyer. — 1,850 fr.

Stalle François Iᵉʳ, en chêne sculpté. — 800 fr.

Stalle hollandaise avec dais, en bois sculpté, xvIᵉ siècle. — 1,510 fr.

Meuble à deux corps, du temps de Henri II, en noyer, modèle Jean Goujon. — 2,200 fr.

Grand meuble en noyer sculpté, de forme monumentale, modèle Du Cerceau. — 1,380 fr.

Crédence gothique en bois de chêne sculpté, surmontée d'un baldaquin cintré. — 965 fr.

Meuble Renaissance en noyer sculpté, de forme carrée, à deux corps et à portes pleines. — 605 fr.

Meuble à deux corps en noyer, modèle Jean Goujon. Époque Henri II. — 950 fr.

Crédence en chêne sculpté. — 960 fr.

Meuble de forme monumentale, en chêne sculpté, modèle Du Cerceau. — 745 fr.

Crédence à deux corps, en chêne sculpté, style Renaissance. — 705 fr.

Bahut à deux corps, en noyer sculpté, style Louis XIII. — 585 fr.

Meuble-vitrine, en noyer, à six pans, style Renaissance, modèle Du Cerceau. — 600 fr.

Table Renaissance, de forme rectangulaire, en bois de noyer. — 710 fr.

Lit en noyer sculpté, à grand et petit dossiers. — 775 fr.

Grand portique Renaissance, en chêne sculpté. — 1,180 fr.

La Vision des Mages, panneau gothique du xvᵉ siècle, en bois sculpté, peint et doré. — 510 fr.

Trois panneaux en bois sculpté, représentant la salamandre de François Iᵉʳ avec la couronne royale. (Provenant du château de Blois.) — 600 fr.

Frise en noyer sculpté. Époque François Iᵉʳ. — 760 fr.

Deux grandes cariatides italiennes, en bois de noyer; femmes supportant des coussins. — 1,000 francs.

Epée italienne du xvIᵉ siècle, ornée de riches incrustations d'argent. — 3,650 fr.

Lustre hollandais en cuivre, à trois étages et vingt-quatre lumières. — 550 fr.

Trois panneaux de tapisserie à fleurs, fruits et feuillage. Époque Renaissance. — 505

Tapisserie flamand représentant un seigneur et une dame se promenant dans la campagne. — 595 fr.

Tapisserie Renaissance, représentant Œdipe et le Sphinx. — 2,050 fr.

CATALOGUE

DES

OBJETS D'ART

ET D'AMEUBLEMENT

Des XVᵉ, XVIᵉ et XVIIᵉ siècles

Belles Stalles, Meubles, Lits, Tables, Panneaux,
Colonnes, Portiques et Statuettes en bois sculpté; Faïences italiennes et autres;
Armes; Sculptures; Lustres flamands;
Objets en fer; Peintures gothiques; Objets variés;

TAPISSERIES

QUI COMPOSENT LA DEUXIÈME VENTE QUI AURA LIEU

Par suite de cessation de commerce de M. Zimmermann,

HOTEL DROUOT, SALLE N° 1,

Les Lundi 20 et Mardi 21 Décembre 1875,

A DEUX HEURES.

Par le ministère de Mᵉ **CHARLES PILLET**, Commissaire-Priseur,
10, rue de la Grange-Batelière;
Assisté de **M. CHARLES MANNHEIM**, Expert, 7, rue Saint-Georges.

Chez lesquels se trouve le présent Catalogue.

EXPOSITION PUBLIQUE : Le Dimanche 19 Décembre 1875,
DE UNE HEURE A CINQ HEURES.

CONDITIONS DE LA VENTE

Elle sera faite au comptant.

Les adjudicataires payeront *cinq pour cent* en sus des enchères.

L'exposition mettant le public à même de se rendre compte de l'état des objets, il ne sera admis aucune réclamation une fois l'adjudication prononcée.

Paris. — Imp. Pillet fils aîné, rue des Grands-Augustins

DÉSIGNATION DES OBJETS

MEUBLES — SIÉGES

1 — Magnifique stalle Renaissance, en noyer sculpté, à
trois places. Celle du milieu, surmontée d'un dais, présente, sur le dossier, un petit monument à fronton
triangulaire flanqué de deux cariatides de vieillards,
portant des chapiteaux à volutes sur lesquels s'appuient
deux autres cariatides de femmes qui soutiennent le
dais. Ce dais est formé par une large corniche carrée
ornée de moulures, de consoles, et surmontée d'un
fronton avec vases. Les accotoirs, à mascarons et volutes, sont soutenus par de grandes chimères accroupies. Le siége est posé sur de larges consoles sculptées.
Chaque stalle de côté, d'un modèle plus petit, présente
une ornementation analogue à la stalle du milieu. Le
siége, sans accotoirs, repose également sur de larges
consoles.

Cette stalle, véritable monument en son genre, pro-
vient des ducs de Savoie.

2 — Belle stalle François 1er, en noyer. Le dossier pré-

sente un panneau à arcade monumentale sous laquelle est sculptée en haut-relief : l'Adoration des Bergers; dans le centre, un ange aux ailes déployées tient une banderole sur laquelle est écrit : *Gloria in excelsis Deo*. Montants à pilastres avec vases et feuillages. Accotoirs à balustres. Haut., 2 m.; larg., 60 cent.

3 — Grande stalle Renaissance, en noyer, à quatre places. Le dossier est divisé en six panneaux à moulures, séparés par des montants ornés de feuillages gravés et supportant une frise à consoles. Accotoirs à volutes et à vases. Haut., 2 m.; larg., 3 m.

4 — Grande stalle en chêne, à trois places. Le dossier est divisé en trois panneaux, séparés par des piliers gothiques et présentant des sculptures ogivales au-dessus desquelles se trouvent, dans des médaillons, des écussons avec armoiries. Près du siége, une large frise à raisins et feuilles de vigne en relief. Sur le caisson, trois panneaux sculptés en ogives. Accotoirs se terminant par des têtes de chimères. Haut., 1 m. 95; larg., 1 m. 90.

5 — Belle stalle François Ier, en chêne sculpté. Le dossier, orné de colonnes terminées par des figurines d'enfants, présente deux médaillons contenant des portraits et soutenus par un amour et un chérubin entourés d'attributs. Le siége offre des figurines dans des niches à fronton triangulaire. Au sommet, un portrait de femme en relief, et une frise à jour se terminant par des lions accroupis. Haut., 2 m.; larg., 70 cent.

6 — Stalle hollandaise avec dais, en bois sculpté, du xvi° siècle. Le panneau du dossier offre, au milieu, le portrait d'un personnage renfermé dans un losange, surmonté d'un ange debout et orné, dans le bas, d'un mascaron. De chaque côté, des vases de fleurs rehaussés d'or et des têtes de chérubins. Le dais, à pans coupés, est orné d'une galerie à jour, et soutenu par deux colonnes cannelées, avec chapiteaux. Le siége, aussi à pans coupés, présente des rinceaux et des têtes de lions en relief. Haut., 2 m. 75 ; larg., 80 cent.

7 — Meuble Renaissance, avec étagère, à balustres tournés et portes pleines dans le bas. Haut., 2 m.; larg., 95 cent.

8 — Grand fauteuil-stalle en noyer sculpté. Le panneau du dossier, formant cintre, est orné d'un cep de vigne en relief, de clochetons et de deux figures d'hommes dans les angles. Au-dessus, frise à feuilles de vigne, sculptée à jour, se terminant par des clochetons à choux. xv° siècle. Haut., 2 m. 20 ; larg., 70 cent.

9 — Stalle Renaissance, en noyer sculpté. Le dossier est orné d'un panneau à perspective entouré de pilastres cannelés supportant une frise à entrelacs. Haut., 1 m. 65; larg., 60 cent.

10 — Stalle Renaissance, en noyer. Le dossier est divisé en quatre panneaux avec une rosace au milieu. De chaque côté des pilastres cannelés, frise à consoles et accotoirs à vases. Haut., 1 m. 90; larg., 65 cent.

11 — Stalle en noyer. Le dossier, offrant des panneaux
à moulures, est entouré de deux pilastres à vase ; fronton triangulaire. Haut., 2 m. 10 ; larg. 70 cent.

12 — Stalle Renaissance, en noyer. Panneaux unis et
pilastres à chapiteaux. Haut., 1 m. 70 ; larg., 65 cent.

13 — Stalle à deux places, en bois de chêne, à dais
avec galeries sculptées et pendentifs à têtes d'anges.
Le dossier est orné de panneaux à serviettes. Haut.,
2 m. 25 ; larg., 1 m. 28.

14 — Petit escabeau gothique, en chêne sculpté, à quatre
pieds ; balustres avec arcades.

MEUBLES EN BOIS SCULPTÉ

15 — Meuble à deux corps, du temps de Henri II, en noyer,
modèle Jean Goujon, offrant sur quatre panneaux de
portes, très finement sculptés, les figures allégoriques
des quatre Saisons. Les montants, à colonnes dans la
partie supérieure, sont ornés de feuillages, de sphinx,
de vases de fleurs et de plaques en marbre grand-antique. Le sommet est formé d'un fronton triangulaire
avec niche, chevaux marins et vases, reposant sur une
frise ornée de deux bas-reliefs : Vénus étendue sur les
flots, et Pomone couchée dans un jardin. Au centre,
deux tiroirs à têtes de lions en cuivre avec anneaux ;

serrures et clefs en fer forgé découpé à jour; l'intérieur est garni d'une étoffe ancienne à clous dorés. Haut., 2 m. 10 ; larg., 1 m. 16.

16 — Grand et beau meuble en noyer sculpté, de forme monumentale, modèle du Cerceau, présentant sur le devant quatre colonnes cannelées avec chapiteaux, ornées à la base de branches de feuillages; elles soutiennent un entablement à moulures dont la frise, à têtes de chérubins, offre un homme et une femme couchés sur des draperies et entourés de guirlandes de fruits. A l'intérieur, sur une table rectangulaire, à colonnes cannelées, avec tiroir à tête de lion tenant un anneau, un cabinet dont la porte contient, dans un médaillon, le portrait d'un personnage en haut relief. Sur le panneau du fond, des pilastres cannelés avec chapiteaux et des cartouches à têtes de grotesques. Haut., 1 m. 70 cent. ; larg., 1 m. 52 cent.

17 — Meuble renaissance en bois de noyer sculpté, à deux corps et portes pleines ; il est orné dans le haut de quatre colonnes unies, de moulures, de rinceaux finement sculptés, de plaques de marbre grand-antique incrustées dans le bois, et surmonté d'un fronton triangulaire à consoles. Haut., 2 m. 05 cent.; larg., 97 cent.

18 — Grande crédence gothique en bois de chêne sculpté et à pans coupés, surmontée d'un baldaquin cintré. Les panneaux des portes et des pans coupés sont ornés de sculptures ogivales avec serrure et charnières en fer

forgé découpé à jour. Le dossier présente six panneaux
en hauteur sculptés en forme de croisées, contenant au
centre des écussons. Le baldaquin est formé de deux
galeries à jour avec trèfles, cordons et piliers ornés de
corbeilles dans le haut et têtes de chérubins dans le
bas. Haut., 2 m. 60 cent.; larg., 1 m. 30 cent.

19 — Grand bahut renaissance, à deux corps, en bois de
noyer sculpté, offrant, sur les panneaux des portes, quatre figurines en relief : jeunes garçons et vieillards représentant les quatre Saisons. Les montants sont ornés
de fruits et de draperies; ceux du bas se terminent par
des consoles, ceux du haut par des têtes de chérubins;
sur la frise de l'entablement est un aigle soutenant une
draperie où sont posés des fruits. Tiroirs à boutons avec
tête de lion au milieu. Haut., 2 m.; larg., 1 m. 20 cent.

20 — Joli meuble renaissance en noyer sculpté, de forme
carrée, à deux corps et à portes pleines. Les vantaux
de la partie supérieure encadrés par deux colonnes à
chapiteaux, représentent deux femmes nues et debout
dans des niches entourées de rinceaux, de feuillages,
de fruits et de chimères en relief. Les vantaux du bas
offrent des femmes nues, debout, tenant des branches
de feuillages. Au milieu, deux tiroirs à têtes de lions
avec anneaux. Les côtés sont aussi ornés de sculptures.
Haut., 1 m. 62 cent.; larg., 90 cent.

21 — Crédence gothique en bois de chêne, présentant trois
panneaux ornés de sculptures ogivales, avec porte gar-
nie de charnières et d'une serrure en fer découpé à jour.
Haut., 1 m. 35 cent.; larg., 1 m. 05 cent.

22 — Crédence en chêne sculpté, à pans coupés, offrant
sur le panneau central une tête de femme en haut-
relief, et, sur les panneaux des pans coupés, quatre
figures de guerriers. Époque Louis XII. Haut., 1 m.
30 cent.; larg., 1 m. 40 cent.

23 — Beau meuble à deux corps en noyer, modèle Jean
Goujon, offrant, dans des médaillons sculptés en relief
sur les panneaux des portes, les figures allégoriques des
quatre Saisons; les montants sont ornés d'oiseaux avec
consoles et plaques de marbre noir incrusté. Le sommet est formé d'un fronton triangulaire à niche posé
sur une frise ornée de deux bas-reliefs : Jupiter et Léda,
Vénus dans son char entourée de dauphins. Au centre,
deux tiroirs à têtes d'anges, avec tirants en fer ; serrures et clef en fer forgé. Époque Henri II. Haut., 2 m.
05 cent.; larg. , 1 m. 10 cent.

24 — Belle crédence en chêne sculpté et à pans coupés. Les
panneaux, séparés par des pilastres à chapiteaux et fleurs
en relief, présentent dans six médaillons ronds des têtes
de personnages avec les coiffures du temps. Au milieu,
une petite colonne cannelée, surmontée d'une figurine
d'enfant, est entourée de quatre bas-reliefs carrés représentant : un dragon, un chameau, un cygne et un
oiseau fantastique. Les tiroirs, séparés par une colonne
à cannelures tournantes, sont également ornés de médaillons à personnages entourés d'oiseaux chimériques.
Haut., 1 m. 65 cent.; larg., 1 m. 50 cent.

25 — Crédence de forme carrée en noyer sculpté; les vantaux des portes présentent des écussons entourés de

rinceaux en relief ; montants à pilastres ornés de marqueterie de bois avec chapiteaux à volutes. Pieds à balustres cannelés. Époque renaissance. Haut., 1 m. 47 cent. ; larg., 1 m. 20 cent.

26 — Grande crédence de forme carrée, en chêne sculpté, présentant sur les vantaux des portes deux têtes de personnages : homme et femme en haut relief, encadrés dans des médaillons à couronnes et entourés de fruits, d'animaux fantastiques et de deux satyres debout. Tiroirs à têtes de béliers entourées de deux personnages couchés tenant des branches et des fleurs ; charnières et serrures carrées en fer ciselé avec anneau mobile. Style Renaissance. Haut., 1 m. 55 cent. ; larg., 1 m. 40 cent.

27 — Meuble de forme monumentale, en chêne sculpté, présentant, sur le devant, quatre grandes colonnes unies avec chapiteaux soutenant un entablement cintré orné de feuillages en relief ; à l'intérieur, dans le haut, se trouve un cabinet à portes pleines avec moulures, séparées par trois petites colonnes surmontées de vases ; au-dessous, un tiroir à bouton de fer orné d'un pendentif à feuillage et flanqué de deux tablettes soutenues par des consoles. Modèle du Cerceau. Haut., 1 m. 76 cent. ; larg., 1 m. 16 cent.

28 — Meuble à deux corps, en noyer sculpté avec vitrine dans le haut, surmontée d'un fronton triangulaire et pilastres latéraux à rosaces et plumes gravées. Le bas à deux portes pleines offre sur les panneaux deux têtes de

satyres en haut relief; montants à consoles ornés de
feuillages, et frise centrale avec tiroirs à poignées en fer.
Style Renaissance. Haut., 2 m. 30 cent.; larg.,
1 m. 28 cent.

29 — Bahut à deux corps, en noyer sculpté ; la partie supérieure, ornée sur les montants et la frise d'une guir-
lande de fruits, de têtes de lions et d'un aigle, présente
deux panneaux à chimères et ornements en relief. Les
panneaux du bas offrent également des oiseaux chimériques en relief et des montants à fruits et feuillages :
tiroirs ornés de griffons. Époque Henri IV. Haut.,
1 m. 80 cent. ; larg., 1 m. 32 cent.

30 — Armoire en noyer sculpté à deux portes pleines
offrant huit panneaux, contenant des vases et des
armoiries dans le haut; au-dessous, des losanges ren-
fermant des rosaces et entourés de rinceaux. Montants
à filets saillants et corniche à godrons. Epoque François Ier. Haut., 1 m. 20 cent. ; larg., 1 m. 15 cent.

31 — Jolie crédence à deux corps, en chêne sculpté; la
partie supérieure, à portes pleines entourées de colonnes
cannelées avec chapiteaux et bases à mascarons, est ornée
de panneaux avec attributs en relief. La partie infé-
rieure présente un panneau à rosace entouré de quatre
colonnes unies avec chapiteaux et base carrée et repose
sur une table avec tiroir, pieds cannelés et consoles.
Style Renaissance. Haut., 2 m. 10 cent. ; larg., 90 cent.

32 — Grande armoire hollandaise, en chêne sculpté, à
corniche saillante, portes pleines à pilastres soutenant

un fronton et entourées de trois colonnes torses à chapiteaux. Epoque Louis XIII. Haut., 2 m. 35 cent.;
larg., 1 m. 60 cent.

33 — Crédence Renaissance, en noyer, à pans coupés;
les panneaux des portes sont ornés de corbeilles de
fruits entourés d'oiseaux chimériques, avec têtes
d'anges dans le haut. Haut., 1 m. 60 cent.; larg., 1 m.
30 cent.

34 — Crédence hollandaise, en bois sculpté; la partie
supérieure, ornée d'une frise à rinceaux avec mascaron, présente deux portes pleines entourées de trois
pilastres : cariatides à gaînes avec chapiteaux ioniens.
Sur les panneaux des portes, dans des encadrements
de forme monumentale et cintrée avec parties en
ébène, sont des sujets en relief : la Mise au tombeau
et la Résurrection. Tiroir à têtes de lions; le tout reposant sur une table à quatre pieds à boules. Style
Renaissance. Haut., 2 m. 05 cent.; larg., 1 m. 20 cent.

35 — Bahut à deux corps, en bois de noyer sculpté, modèle
Jean Goujon; les panneaux des portes offrent des
médaillons ovales dans lesquels sont des figurines de
femmes debout représentant les quatre Saisons; draperies en dessous et incrustations de marbre vert.
Tiroirs à têtes de lions. Style Renaissance. Haut., 1 m.
72 cent.; larg., 80 cent.

36 — Bahut à deux corps, en noyer sculpté; portes pleines
à moulures entourées de colonnes cannelées et sur-

montées de têtes de chérubins. Tiroirs à mascarons
avec poignées en fer. Style Louis XIII. Haut., 1 m.
75 cent. ; larg., 1 m. 05 cent.

37 — Bahut Renaissance à deux corps, en noyer sculpté ;
portes formées de têtes de femmes en relief entourées
de chimères. Tiroirs à consoles et tirants en fer. Haut.,
1 m. 60 cent. ; larg., 1 m. 20 cent.

38 — Prie-Dieu Renaissance, en bois de noyer, présentant
au centre, sur un panneau carré sculpté en relief, un
écusson contenant un aigle aux ailes déployées, et surmonté d'un casque à grille avec panache ; le tout
entouré de feuillages, de fruits et d'un mascaron. De
chaque côté sont des montants sculptés en haut relief,
présentant une suite d'attributs religieux, et terminés
par des têtes de chérubins ; la frise du haut, à tiroir,
également des têtes de chérubins, des oiseaux et des
rinceaux en relief. Socle carré à godrons et pieds à
griffes. Haut., 90 cent. ; larg., 83 cent.

39 — Beau meuble-vitrine, en noyer, à six pans, présentant à chaque angle des colonnes détachées, cannelées,
avec base à feuillages et chapiteaux ioniens incrustés de
marbre grand-antique ; ces colonnes soutiennent une
frise à rinceaux, chimères et sujets variés avec plafond
à rosaces. Les portes de la vitrine sont formées d'arcades
monumentales. Le tout repose sur quatre pieds balustres avec base et socles incrustés de marbre. Style
Renaissance. Modèle du Cerceau. Haut., 2 m. 07 cent. ;
larg., 1 m. 30 cent.

40 — Bahut gothique en chêne, orné de six panneaux à
sculptures ogivales à jour et ferrures en fer forgé ; côtés
à serviettes. Haut., 92 cent. ; larg., 1 m.

41 — Bahut de forme carrée en bois de noyer, à portes
pleines ornées de fleurs et de moulures ; montants et
colonnes cannelées, tiroirs à poignées en fer. Haut.,
98 cent. ; larg., 1 m. 20 cent.

42 — Petit bahut en noyer, à porte pleine ornée de rosaces
et de rinceaux ; montants à figurines de femmes debout,
et frise à coquilles dans le haut. Haut., 71 cent. ; larg.,
63 cent.

43 — Table Renaissance, de forme rectangulaire, en bois
de noyer, à quatre pieds à colonnes surmontées de
consoles et ornées de cariatides de Gorgones de chaque
côté, très-finement sculptées ; entre-jambes à balustres.
Haut., 78 cent. ; larg., 1 m. 37 cent.

44 — Table, modèle du Cerceau, en poirier noirci, soute-
tenue par trois pieds à balustres tournés et terminés
par des volutes ; milieu à entre-jambes, dessus en velours marron.

45 — Table, style François Ier, en noyer sculpté ; les côtés
sont ornés d'un vase entouré de deux colonnes cannelées
à chapiteaux, ceinture à godrons ; entre-jambes supportant un vase et deux pieds-colonnes avec arcades.

46 —· Table en noyer, modèle du Cerceau ; les côtés sont
ornés de chimères accroupies entourant une colonne à
chapiteau ; entre-jambes à pieds tournés.

47 — Table Henri IV, en noyer, avec allonges ; les côtés
sont ornés de pieds à colonnes cannelées soutenant des
arcades ; ceinture à godrons ; entre-jambes à profils.

48 — Beau et grand lit Renaissance, en noyer sculpté, avec
baldaquin, orné de colonnes à cannelures saillantes
surmontées de chapiteaux ; fronton offrant un médaillon tête de femme, entouré de feuillages et de rinceaux.

49 — Lit Renaissance en noyer sculpté avec baldaquin,
colonnes cannelées et fronton.

50 — Autre lit Renaissance en noyer sculpté, avec baldaquin et colonnes cannelées.

51 — Grand et beau lit en noyer sculpté à grand et petit
dossiers, entourés de quatre colonnes torses ornées de
raisins, de feuilles de vigne, terminées par des vases
à flammes. Le grand dossier présente, dans le haut,
une frise à écusson entouré de chimères et de rinceaux,
et est surmonté d'un fronton contenant un vase de
fleurs entouré d'enfants se terminant en rinceaux. Les
traverses sont également ornées de feuilles de vigne et
de raisins ; le petit dossier offre des panneaux sculptés
séparés par des pilastres à chapiteaux.

52 — Grand portique Renaissance, en chêne sculpté, com-
posé de deux colonnes cannelées dont la base est orné

de personnages, d'oiseaux et de feuillages en relief, et surmontées de riches chapiteaux à feuilles d'acanthes et volutes à jour ; les colonnes supportent une large frise à panneaux sculptés et à ressauts avec corniche à denticules ; sur chacun des ressauts se trouve une tête de femme entourée d'une draperie. Haut., 3 m. 38 cent. ; larg., 3 m. 10 cent.

53 — Deux belles travées gothiques, en chêne sculpté, à panneaux pleins dans le bas, avec arcades à jour soutenues par des colonnes rondes dans le haut, montants à clochetons surmontés de deux animaux accroupis, et terminées par un couronnement à trèfles. Haut., 2 m. 55 cent. ; larg., 2 m.

54 — Deux colonnes Renaissance, en chêne sculpté à cannelures avec chapiteaux à feuilles d'acanthes et volutes ; bases à boudins tournants. Haut., 1 m. 68 cent.

55 — Deux autres colonnes Renaissance, en chêne sculpté à cannelures, avec chapiteaux à feuilles d'acanthe et volutes à jour ; bases ornées de feuillages et de fruits en relief. Haut., 2 m. 27 cent.

PANNEAUX ET STATUETTES

EN BOIS SCULPTÉ

56 — Coffret du temps de François Ier, de forme rectangulaire, en bois de noyer, orné sur le devant de deux têtes sculptées en relief, avec casque et résille ; portraits

présumés de François Ier et de Louise de Savoie, con-
tenus sous des arceaux finement sculptés, séparés par
d'élégantes colonnes à chapiteaux. La serrure est for-
mée par un écusson à fleurs de lis. Poignées en fer.
Travail lyonnais. Haut., 28 cent.; larg., 44 cent.

57 — Statuette en bois sculpté et peint, du xiv° siècle, représentant un personnage debout, revêtu d'une cotte
de mailles, d'une armure complète et d'un long manteau qui lui tombe des épaules ; coiffé d'un bonnet à
fourrures ; de la main gauche, il tient une châsse ; à
ses pieds est un lion couché. Haut., 41 cent.

58 — Statuette en bois sculpté et peint, du xv° siècle, représentant un personnage debout, vêtu d'une robe
rouge et couvert d'un long manteau noir qu'il retient
de la main gauche ; il porte, sous le bras, un manuscrit
à fermoir. Haut., 63 cent.

59 — Statuette de sainte en bois sculpté, du xvi° siècle,
debout près d'une colonne ; de la main droite, elle
tient un livre ouvert. Haut., 60 cent.

60 — La Vision des Mages, très-beau panneau gothique
du xv° siècle, en bois sculpté en haut relief, peint et
doré, représentant les Mages, en costume moyen âge,
à cheval, et entourés de nombreux serviteurs, aperce-
vant dans le ciel l'étoile qui doit les conduire. Bordure
de forme ogivale en bois doré. Haut., 1 m. 03 cent.;
larg., 65 cent.

61 — La Crèche, panneau gothique du xv⁰ siècle, en bois sculpté en haut relief et peint, représentant la Vierge, saint Joseph, le bœuf, l'âne, et un ange en adoration devant l'enfant Jésus. Dans le fond, deux moines et deux anges regardent cette scène par deux fenêtres. Haut., 46 cent.; larg., 35 cent.

62 — Cadre Renaissance en noyer sculpté, formé par deux petites colonnes cannelées, à chapiteaux, soutenant un large entablement surmonté d'un fronton avec animaux chimériques, et orné dans le bas d'oiseaux et de cornets remplis de fruits sculptés. Il renferme à l'intérieur un portrait de sainte peint sur cuivre. Travail italien. Haut., 60 cent.; larg., 32 cent.

63 — Panneau en noyer sculpté, du temps de Henri II, représentant un guerrier debout, sous une arcade monumentale, tenant une lance, et la main droite appuyée sur un bouclier à tête de lion. Haut., 60 cent.; larg., 40 cent.

64 — Trois magnifiques panneaux en bois sculpté, représentant la salamandre de François I⁰ʳ avec la couronne royale. Sur l'un d'eux, la salamandre est remplacée par la lettre F sculptée en relief et ornée dans le bas d'un pendentif : figure d'enfant. Ces trois panneaux proviennent du château de Blois. Haut., 52 cent.; larg., 50 cent.

65 — Panneau en chêne sculpté, du temps de François I⁰ʳ, de forme rectangulaire, présentant au centre,

dans un médaillon, la tête d'un guerrier avec casque à
ailerons, entourée de deux chimères en haut-relief.
Haut., 33 cent.; larg., 60 cent.

66 — Deux figurines en noyer sculpté, d'après Michel-
Ange, représentant deux fleuves couchés, tenant des
cornets remplis de fruits. Larg., 42 cent.

67 — Médaillon ovale représentant un portrait de femme
en buste et vue de profil. Epoque Louis XV. Haut.,
60 cent.; larg., 35 cent.

68 — Trois panneaux Renaissance, provenant d'une crédence, en noyer sculpté, représentant trois personnages en costume de l'époque. Haut., 35 cent.; larg.,
30 cent.

69 — Panneau Renaissance, en chêne sculpté, représentant un vase entouré de deux oiseaux chimériques,
avec encadrement. Haut., 40 cent.; larg., 40 cent.

70 — Panneau, époque François Ier, en noyer sculpté,
représentant deux enfants assis sur le bord d'un vase
et entourés de deux oiseaux chimériques. Haut., 30
cent.; larg., 40 cent.

71 — Panneau, époque François Ier, en chêne sculpté,
représentant une tête de femme couronnée de roses en
relief dans un médaillon. Haut., 37 cent.; larg.,
37 cent.

72 — Panneau Renaissance, en noyer sculpté, représentant deux Gorgones entourant un mascaron. Haut., 58 cent.; larg., 30 cent.

73 — Panneau Renaissance, en noyer sculpté : mascaron au milieu, avec rinceaux et rosaces. Haut., 58 cent.; larg., 33 cent.

74 — Deux panneaux François Ier, en noyer sculpté : homme et femme coiffés d'un casque, dans un médaillon. Haut., 50 cent.; larg., 50 cent.

75 — Deux petits panneaux en noyer sculpté : homme et femme dans un médaillon. Haut., 22 cent.; larg., 22 cent.

76 — Superbe frise en noyer sculpté, représentant un écusson entouré d'une couronne et de personnages chimériques avec rinceaux, feuillages, têtes d'oiseaux et de chérubins. Epoque François Ier. Haut., 1 m. 90 cent.; larg., 30 cent.

77 — Trois cariatides italiennes en bois de noyer, avec draperies et fruits. Haut., 80 cent.

78 — Deux cariatides en noyer, homme et femme se terminant en gaîne avec mascarons. Epoque Henri II. Haut., 60 cent.

79 — Petit bas-relief en bois sculpté du xve siècle, représentant deux soldats en costumes moyen âge, veillant

sur le tombeau du Christ. Ce bas-relief porte de nombreuses traces de dorure. Haut., 28 cent.; larg., 33 cent.

80 — Trois petites cariatides en bois sculpté, représentant des anges avec gaînes ; xv° siècle. Haut., 35 cent.

81 — Statuette en bois sculpté et peint, représentant sainte Barbe debout près d'une tour, et tenant un livre ouvert ; xv° siècle. Haut., 50 cent.

82 — Console-support (corbeau du xv° siècle), en bois sculpté et peint, représentant deux anges portant un écusson à fleurs de lis. Haut., 50 cent.; larg., 45 cent.

83 — Deux grandes cariatides italiennes, en bois de noyer : femmes supportant des coussins, avec gaînes à têtes d'anges. Haut., 2 m. 14 cent.; larg., 50 cent.

84 — Deux cariatides Louis XIII, en noyer : enfants debout, sur des gaînes à volutes. Haut., 2 m. 20 cent.; larg., 20 cent.

85 — Grande statuette en bois sculpté et peint, du xvi° siècle, représentant saint Christophe debout, appuyé à un arbre et portant l'enfant Jésus sur son épaule. Haut., 1 m. 40 cent.

86 — Statuette en bois sculpté, représentant saint Crépin debout, les épaules couvertes d'un manteau. Haut., 85 cent.

87 — Deux torchères en bois sculpté, Louis XIII, représentant deux enfants debout, posés sur un socle triangulaire à trois consoles ornées de fleurs et de feuillages. Haut., 1 m. 50 cent.

88 — Statue en bois sculpté et peint, représentant saint Michel revêtu d'une armure, tenant un glaive et debout, les pieds posés sur un dragon. Travail du xv siècle. Haut., 1 m. 20 cent.

89 — Statuette en bois de chêne sculpté : la Vierge, debout, la tête couverte d'un diadème, tenant l'enfant Jésus sur ses bras. xv siècle. Haut., 50 cent.

90 — Petite statuette en chêne sculpté : la Vierge, debout, tenant son fils dans ses bras. Époque Louis XIII. Haut., 35 cent.

91 — Deux statuettes en noyer sculpté : Personnages debout. xv siècle. Haut., 48 cent.

92 — Deux statuettes en chêne sculpté : saints personnages assis et priant. xv siècle. Haut., 35 cent.

93 — Statuette en chêne sculpté : Vierge debout. Socle carré. Fin Louis XIII. Haut., 58 cent.

94 — Deux supports en bois sculpté et peint, représentant des enfants à mi-corps, grandeur naturelle, soutenant sur leurs têtes un fronton avec vase. Haut., 80 cent. ; larg., 50 cent.

MEUBLES DIVERS

95 — Cabinet en ébène, orné de filets d'ivoire ; intérieur
à tiroirs avec boutons, ornés de rinceaux et de filets.
Haut., 55 cent. ; larg., 68 cent.

96 — Cabinet en écaille rouge à filets d'ivoire ; encadrements à moulures, en bois noir, et mascarons en bronze
doré. Haut., 59 cent. ; larg., 84 cent.

97 — Cabinet italien en ébène, orné de filets et de plaques
d'ivoire gravé. L'intérieur, à portes et tiroirs, est dé-
coré de sujets très-variés, gravés sur ivoire : dames,
cavaliers, chasses, etc. Table support en bois noir,
aussi ornée d'ivoire gravé. Époque Renaissance.
Haut., 1 m. 30 cent. ; larg., 90 cent.

VITRAUX

98 — Très-beau vitrail du xvᵉ siècle, représentant deux
anges agenouillés, tenant un écusson avec couronne et
fleurs de lis. Haut., 1 m. 23. ; larg., 70 cent.

99 — Deux autres vitraux du xvıᵉ siècle, contenant des
médaillons avec portrait d'homme et de femme.

FAIENCES

100 — Potiche en faïence italienne, décor à entrelacs de couleurs variées sur fond bleu.

101 — Autre potiche en faïence italienne, décorée d'une large frise à rinceaux de couleurs variées sur fond blanc.

102 — Plaque rectangulaire en faïence, représentant plusieurs personnages à table, entre deux colonnes à chapiteaux ; au-dessus, dans un cintre, on aperçoit Dieu le père bénissant. Cadre en bois noir.

103 — Plat rond, en faïence de Gubbio, à reflets métalliques, sujet représentant Cléopatre. Bordure à rinceaux et imbrications.

104 — Petit plat, en faïence d'Urbino, avec piédouche et bord festonné ; au centre, dans un médaillon, un amour.

105 — Plat en faïence italienne, garni de fruits en relief

106 — Autre plat en faïence italienne. Bordure décorée d'amours et de fleurs ; au centre, un écusson.

107 — Ecuelle en faïence hispano-arabe, décor bleu à reflets métalliques.

108 — Vase en faïence italienne, orné d'enroulements avec médaillon représentant un saint personnage.

109 — Deux plats en faïence, imitation de décor chinois.

ARMES

110 — Belle épée italienne du xvi⁰ siècle, avec garde à deux quillons droits, ornée de riches incrustations d'argent.

111 — Grande épée à garde à quillons droits et contournée.

112 — Grande épée à lame plate, avec poignée en fer et garde à coquille repercée à jour.

113 — Épée Louis XIII, avec garde à coquille, repercée à jour.

114 — Grande épée à lame triangulaire, poignée en fer à quillons recourbés et garde contournée; pommeau à facettes.

115 — Petite épée à lame plate, poignée en fer avec garde à coquille renversée.

116 — Petite épée à lame plate, poignée en fer à garde simple.

117 — Poignard avec poignée en fer, à quillons droits damasquinés d'argent.

118 — Armure complète, en fer gravé, avec cotte de mailles.

119 — Casque de ligueur, en fer.

120 — Hallebarde en fer gravé, hampe en velours et gland doré.

121 — Hache d'arme en fer gravé, du xvi° siècle; le manche en fer contient une épée.

122 — Deux pistolets Louis XV, à canon rayé, en fer, à ornements gravés, garnis de plaques en argent ciselé. Signé : G. Devillers.

123 — Pistolet tromblon, à canon incrusté d'argent.

124 — Deux petits poignards à poignées en fer ciselé, dont une repercée à jour.

125 — Épée de cour, à poignée et garde en fer ciselé, ornées de portraits d'empereurs avec couronne de laurier. Travail allemand.

126 — Autre épée de cour, avec garde repercée à jour et poignée en fer ciselé, lame triangulaire. Signée : Solingen.

127 — Petite épée de page, à poignée en fer, ornée d'incrustations.

128 — Épée de cour avec fourreau, à lame triangulaire, avec poignée en fer doré et ornements ciselés, représentant des personnages à cheval.

129 — Épée de cour à lame gravée avec poignée, garde et pommeau en fer doré à ornements ciselés.

130 — Autre épée de cour, à lame triangulaire gravée, garde à quadrille repercée à jour, pommeau ciselé et poignée en filigrane d'argent.

131 — Épée Renaissance, à poignée droite, pommeau en fer ciselé, garde ronde repercée à jour, et quillons formant un X.

132 — Poudrière en corne de cerf, avec personnage gravé, et portant la date 1563.

133 — Amorçoir en os gravé, avec levier en fer damasquiné or.

134 — Pommeau d'épée en fer gravé, et pomme de canne en ivoire à figures en relief.

135 — Deux petits couteaux, dont un à lame d'argent et manches en ébène avec incrustations de nacre et or.

SCULPTURES

136 — Médaillon rond, en marbre blanc, représentant l'empereur Vitellius vu de profil.

137 — Très-jolie frise Renaissance, en marbre blanc, ornée d'une suite de feuilles de vigne et de grappes de raisin. Haut., 17 c.; long., 1 m.

138 — Écusson en marbre blanc, Renaissance, contenant un double chevron entouré de merlettes, d'étoiles et de fleurs de lis, surmonté d'un casque à grille avec panache et feuillages.

139 — Médaillon en marbre blanc, représentant le supplice de Marsyas, sculpté en relief. Diam., 60 cent.

140 — Vasque en marbre blanc, ornée de trois mascarons. xvi⁰ siècle.

141 — Groupe en pierre représentant un jeune guerrier blessé, et devant lui une femme agenouillée en train de le panser. xiv⁰ siècle. Haut., 60 c.; larg., 40 c.

142 — Mascaron en pierre représentant une tête de lion.

143 — Deux belles consoles en marbre blanc à doubles feuilles d'acanthe, provenant d'une cheminée Renaissance. Haut., 1 m. 27; larg., 37 c.

144 — Statuette en pierre : Sainte Barbe, debout près
d'une tour, portant une couronne, tenant de la main
droite un livre, et de la main gauche une palme. Les
vêtements sont peints de différentes couleurs rehaussées
d'or. XVI° siècle. Haut., 72 c.

145 — Petit groupe en pierre sculptée, représentant une
femme assise entourée de trois enfants; l'un d'eux,
celui qu'elle tient sur ses genoux, pose un masque sur
la figure d'un autre. XVI° siècle. Haut., 30 c.;
larg., 16 c.

146 — Plaque en albâtre sculptée en relief, représentant
Cléopatre; cadre Renaissance en ébène. Haut., 15 c.;
larg., 10 c.

147 — Statuette en albâtre représentant la Vierge tenant
l'enfant Jésus sur ses bras. Les cheveux et certaines
parties des vêtements sont rehaussés d'or. Socle en
marbre vert. Travail italien du XVI° siècle. Haut.,
45 c.

148 — Bas-relief en albâtre, représentant la décapitation
d'une sainte : agenouillée, les mains jointes, elle attend
avec résignation le coup qui doit la frapper; derrière,
le bourreau levant son glaive; auprès d'elle, une autre
femme debout, un évêque et un soldat. Ce bas-relief
porte de nombreuses traces de dorure. XV° siècle.
Haut., 40 c.; larg., 45 c.

149 — Deux bas-reliefs en marbre blanc, représentant
une tête de guerrier casqué et un buste de femme.
XV° siècle. Haut., 23 c.; larg., 45 c.

LUSTRES ET FLAMBEAUX

150 — Lustre hollandais en bronze à douze lumières, avec couronne et fleurons; culot à balustre.

151 — Lanterne d'antichambre de forme carrée, en cuivre, avec pavillon repercé à jour.

152 — Lustre hollandais en bronze à huit lumières, avec boule, orné d'un aigle au sommet.

153 — Petit lustre hollandais en bronze à douze lumières, avec boule.

154 — Lustre en fer, Louis XIII, à six lumières, tige à culots, orné de feuillages et de fleurs.

155 — Deux appliques Louis XIII en fer, à fleurs et feuillages.

156 — Lustre Renaissance à six lumières, en fer forgé, à volutes et rinceaux.

157 — Suspension chinoise en cuivre repercé à jour.

158 — Suspension persane en cuivre repercé à jour et damasquiné d'argent, avec lettres et ornements variés.

159 — Suspension Renaissance en cuivre gravé, soutenue par trois chaînes attachées à des figurines de femmes formant anses. Travail italien.

160 — Grand lustre hollandais en cuivre, à trois étages et vingt-quatre lumières. Haut., 2 m. 10.

161 — Flambeau Renaissance en cuivre, forme balustre, à profils. Haut., 25 c.

162 — Deux lanternes Louis XIII, de forme octogone, en fer repercé à jour, avec anneau. Haut., 90 c.

163 — Lanterne Louis XIII en fer forgé, de forme octogone, ornée de volutes. Haut., 55 c.

164 — Petit flambeau byzantin en bronze émaillé.

165 — Petits flambeaux en bronze japonais.

166 — Grand flambeau persan en bronze, avec lettres, arabesques et ornements gravés.

167 — Flambeau Louis XIII, forme balustre, à ornements gravés.

168 — Deux grands flambeaux Louis XIII, forme balustre.

169 — Deux candélabres Louis XIII en bronze doré, à cinq lumières.

ETAIN, BRONZES ET FERS

170 — Plat de Briot en étain avec son aiguière, à sujets allégoriques sur les sciences, les arts, les saisons, les éléments et les parties du monde. En dessous, au centre de l'ombilic, se trouve le portrait de l'artiste.

171 — Heurtoir Renaissance, en fer, orné d'un mascaron, de cariatides de femmes entourant un écusson. Haut., 21 cent.; larg., 13 cent.

172 — Deux cariatides-appliques, en bronze, représentant un satyre et une faunesse se terminant en gaîne ornée d'une tête de bélier.

173 — Médaillon ovale, en bronze : portrait de Henri IV.

174 — Support-console en fer forgé, à enroulements et feuillages, terminé par une tête d'oiseau de proie. Époque Louis XIII. Haut., 143 cent.

175 — Deux landiers gothiques en fer forgé, à corbeilles repercées à jour, anneaux mobiles et patins, ornés d'une fleur de lis : pieds à feuillages gravés. Haut., 98 cent.

176 — Chenet Louis XII, tige en fer forgé se terminant par une tête d'homme. Haut., 60 cent.

177 — Autre chenet Louis XII, orné d'un lion tenant un écusson. Haut., 45 cent.

178 — Grands chenets, en fer forgé, du xvᵉ siècle, ornés sur le devant de clochetons évidés à jour, d'anneaux mobiles retenus par des têtes de chimères, et terminés, au sommet, par des lions accroupis en cuivre. Haut., 1 m. 10 cent.

179 — Deux chenets italiens, en fer forgé et gravé du xvıᵉ siècle, formés par deux colonnes à chapiteaux superposées, avec patins évidés et ornés de feuillages ; ils se terminent, au sommet, par une boule en cuivre avec filets. Haut., 73 cent.

180 — Deux chenets italiens, en cuivre gravé, du xvıᵉ siècle, formés par un vase posant sur un socle à pans coupés et supportant une boule en forme de coupe aplatie avec couvercle et bouton. Patins en fer forgé à volutes. Haut., 56 cent.

181 — Cage à faucon, en fer forgé, de forme carrée avec dôme. Époque Renaissance. Haut., 55 cent. ; larg., 38 cent.

182 — Vase en fer, en forme de coupe avec couvercle, orné d'un bouquet de roses et anses à serpents. Époque Louis XIII.

183 — Fontaine italienne en cuivre rouge et jaune, à ornements repoussés, sur piédouche et avec couvercle.

184 — Grand plat, Louis **XIII**, en cuivre repoussé, orné au centre d'un portrait d'empereur romain, répété quatre fois sur la bordure.

185 — Applique, Louis **XIII**, de forme octogone, en cuivre repoussé, à godrons et fruits, surmontée d'une coquille.

186 — Plat rond Louis **XIII**, en étain, bordure à rinceaux et portraits repoussés.

187 — Petit plat ovale, Louis **XIII**, en cuivre repoussé et argenté; au centre, une femme dans un paysage.

188 — Bassine en cuivre, orné de godrons et de caractères russes.

189 — Plat ovale en cuivre repoussé, présentant la tête du Christ.

190 — Jardinière en cuivre rouge, de forme circulaire, ornée de godrons repoussés.

191 — Autre jardinière en cuivre rouge, de forme ronde, à godrons repoussés.

192 — Reliquaire du xve siècle, en bronze doré, à six pans, frise émaillée et piédouche. Haut., 30 cent.

193 — Deux aiguières en émail de Chine fond bleu, avec cartouches à personnages de couleurs variées.

194 — Deux aiguières persanes, avec plateaux creux, en bronze gravé, décorées d'un grand nombre de personnages, fleurs et animaux. Le tour du plateau est orné de caractères.

195 — Petit brûle-parfums à trois pieds, sur plateau rond, formé par un vase avec couvercle diadème repercé à jour.

196 — Bouteille en bronze chinois ancien.

197 — Coupe à trois pieds avec feuillages, en bronze chinois ancien.

198 — Grande vasque en bronze persan, ornée de caractères, d'arabesques et médaillons.

199 — Petit vase en bronze, orné de personnages en relief.

200 — Trois lions accroupis en bronze.

PEINTURES

201 — Triptyque gothique à fronton cintré et volets. Le panneau central représente l'adoration des Mages. L'un d'eux est agenouillé devant l'enfant Jésus que la Vierge,

debout, tient dans ses bras; de chaque côté, des serviteurs offrant de riches présents. Fond d'architecture avec paysages. Sur le volet de droite, on voit le donataire à genoux dans un paysage, et, debout près de lui, saint Pierre; sur le volet de gauche, la femme du donataire, et près d'elle, debout, saint Jean. Haut., 63 cent.; larg., 40 cent.

202 — Peinture sur fond d'or représentant un pape entouré de deux saints personnages. Cadre en bois noir sur lequel on lit une inscription gothique avec les dates 1373-1417. Haut., 48 cent.; larg., 65 cent.

203 — Peinture sur bois, école de Porbus; portrait d'un jeune garçon, avec collerette, vêtu d'un pourpoint rouge brodé noir avec épée. En haut, on lit : AIÉ.DE.SAIT. AN.ET.DEMI. = L'AN 1603. — Cadre en bois noir, orné de rosaces dorées. Haut., 80 cent.; larg., 65 cent.

TAPISSERIES

204 — Grande tapisserie flamande : sujet de chasse, personnages du temps de Henri IV. Haut., 255 cent.; larg., 400 cent.

205 — Deux portières en tapisserie flamande à sujets de chasse. Haut., 268 cent.; larg., 100 cent.

206 — Panneau de tapisserie à personnages en costumes du xve siècle. Haut., 100 cent.; larg., 150 cent.

207 — Trois panneaux de tapisserie à fleurs, fruits et feuillages. Époque Renaissance.

208 — Très-grande tapisserie flamande représentant un seigneur et une dame se promenant dans la campagne remplie de nombreux personnages et de musiciens. Haut., 280 cent.; larg., 410 cent.

209 — Grande tapisserie Renaissance à nombreux groupes de figures, jeunes filles et guerriers, présentant au centre un groupe de trois personnages debout et se donnant la main. Haut., 200 cent.; larg., 400 cent.

210 — Panneau de tapisserie Renaissance représentant un jeune roi, assis devant une table chargée de manuscrits et entouré de docteurs. Haut., 255 cent.; larg , 200 cent.

211 — Tapisserie Renaissance, représentant un Centaure dans un paysage entouré de nombreux animaux. Haut., 255 cent.; larg., 245 cent.

212 — Tapisserie Renaissance, représentant l'entrée de Henri IV à Paris. Haut., 210 cent.; larg., 165 cent.

213 — Panneau de tapisserie flamande : combat de guerriers antiques. Haut., 170 cent.; larg., 240 cent.

214 — Portière en tapisserie de Flandre : deux dames debout devant un rideau. Haut., 210 cent.; larg., 100 cent.

215 — Très-belle tapisserie Renaissance, représentant au centre Œdipe et le Sphynx; riche bordure à volatiles, animaux et feuillages. Haut., 345 cent.; larg., 315 cent.

216 — Un fort lot de bordures et morceaux de tapisseries Renaissance.

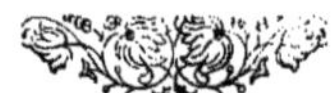

www.ingramcontent.com/pod-product-compliance
Ingram Content Group UK Ltd.
Pitfield, Milton Keynes, MK11 3LW, UK
UKHW031736170726
13836UKWH00002B/683